TABLEAU

DE

L'ÉCLAIRAGE DE LA VILLE DE LILLE

Pour l'année 1858.

TABLEAU

DE

L'ÉCLAIRAGE DE LA VILLE DE LILLE

Pour l'année 1858.

JANVIER.

Date du mois.	Lever de la lune.	Coucher de la lune.	Heures du commencement de l'éclairage.	Heures de l'extinction des lanternes.		Nombre d'heures éclairées par jour pour les lanternes.	
				de la ville.	des autorités et portes de la ville.	de la ville.	des autorités et portes de la ville.
P. L.	Soir.	Matin.					
1	6 10	9 31	4 1/2	7 »	7 »	14 1/2	14 1/2
2	7 33	9 57	»	»	»	»	»
3	8 53	10 18	»	»	»	»	»
4	10 10	10 35	»	12 »	»	7 1/2	»
5	11 23	10 48	»	»	»	»	»
6	Matin.	11 01	»	7 »	»	»	»
D. Q.							
7	» 34	11 15	»	1 »	»	8 1/2	»
8	1 44	11 31	»	2 1/2	»	10 1/2	»
9	2 54	11 40	»	3 1/2	»	11 »	»
		Soir.					
10	4 04	» 12	4 3/4	6 3/4	6 3/4	14 »	14 »
11	5 12	» 42	»	»	»	»	»
12	6 16	1 22	»	»	»	»	»
13	7 11	2 14	»	»	»	»	»
14	7 55	3 18	»	»	»	»	»
N. L.							
15	8 29	4 30	»	»	»	»	»

SUITE DE JANVIER.

Date du mois	Lever de la lune.	Coucher de la lune.	Heures du commencement de l'éclairage.	Heures de l'extinction des lanternes.		Nombre d'heures éclairées par jour pour les lanternes	
				de la ville.	des autorités et portes de la ville.	de la ville.	des autorités et portes de la ville.
16	8 55	5 45	4 3/4	6 3/4	6 3/4	14 »	14 »
17	9 16	7 02	»	»	»	»	.
18	9 32	8 17	»	»	»	»	»
19	9 46	9 32	»	»	»	»	»
20	10 01	10 40	5 »	6 1/2	6 1/2	13 1/2	13 1/2
21 P. Q.	10 17	» Matin.	»	»	»	»	»
22	10 33	» 08	»	»	»	»	»
23	10 54	1 30	»	»	»	»	»
24	11 23	2 56	»	»	»	»	»
	Soir.						
25	» 03	4 21	5 1/4	»	»	13 1/4	13 1/4
26	» 50	5 38	»	»	»	»	»
27	2 12	6 41	»	12 »	»	6 3/4	»
28 P. L.	3 36	7 25	»	»	»	»	»
29	5 01	7 57	»	»	»	»	»
30	6 25	8 19	»	»	»	»	»
31	7 45	8 37	»	»	»	»	»
						363 3/4	430 3/4

FÉVRIER.

Date du mois.	Lever de la lune.	coucher de la lune.	Heures du commencement de l'éclairage.	Heures de l'extinction des lanternes		Nombre d'heures éclairées par jour pour les lanternes	
				de la ville.	des autorités et portes de la ville.	de la ville.	des autorités et portes de la ville.
P. L.	Soir.	Matin.					
1	9 01	8 52	5 3/4	12 »	6 »	6 1/4	12 1/4
2	10 14	9 06	»	»	»	»	»
3	11 27	9 20	»	»	»	»	»
	Matin						
4	»	9 35	»	1 »	»	7 1/4	»
D. Q.							
5	» 39	9 53	»	»	»	»	«
6	1 50	10 13	»	2 1/2	»	8 3/4	»
7	3 »	10 40	»	4	»	10 1/4	»
8	4 07	11 17	»	6 »	»	12 1/4	»
		Soir.					
9	5 05	» 04	»	»	»	»	»
10	5 52	1 03	6 »	»	»	12 »	12 »
11	6 28	2 13	»	»	»	»	»
12	6 56	3 28	»	»	»	»	»
N. L.							
13	7 20	4 44	»	»	»	»	»
14	7 38	6 01	»	»	»	»	»
15	7 54	7 19	»	»	»	»	»
16	8 08	8 37	»	»	»	»	»

SUITE DE FÉVRIER.

Date du mois.	Lever de la lune.	Coucher de la lune.	Heures du commencement de l'éclairage.	Heure de l'extinction des lanternes		Nombre d'heures éclairées par jour pour les lanternes.	
				de la ville.	des autorités et portes de la ville.	de la ville.	des autorités et portes de la ville.
17	8 23	9 56	»	»	»	»	»
18	8 38	11 17	6 1/4	5 1/2	5 1/2	11 4/1	11 14
		Matin.					
19	8 58	»	»	»	»	»	»
20	9 24	» 42	»	»	»	»	»
P. Q.							
21	10 01	2 07	»	»	»	»	»
22	10 50	3 26	»	»	»	»	»
23	11 54	4 31	»	»	»	»	»
	Soir.						
24	1 12	5 21	6 1/2	»	»	11 »	11 »
25	2 36	5 57	»	12 »	»	5 1/2	»
26	4 »	6 22	»	»	»	»	»
P. L.							
27	5 20	6 42	»	»	»	»	»
28	6 37	6 58	»	»	»	»	»
						273 1/4	228 3/4

MARS.

Date du mois.	Lever de la lune.	Coucher de la lune.	Heures du commencement de l'éclairage.	Heures de l'extinction des lanternes		Nombre d'heures éclairées par jour pour les lanternes.	
				de la ville.	des autorités et portes de la ville.	de la ville.	des autorités et portes de la ville.
P. L.	Soir.	Matin.					
1	7 52	7 12	7 »	12 »	5 1/2	5 »	10 1/2
2	9 05	7 26	»	»	»	»	»
3	10 19	7 40	»	»	»	»	»
4	11 32	7 56	»	»	»	»	»
	Matin.						
5	»	8 15	»	1 »	»	6 »	»
6	» 44	8 39	»	1 1/2	»	6 1/2	»
D. Q.							
7	1 52	9 11	»	2 1/2	»	7 1/2	»
8	2 54	9 54	»	3 1/2	»	8 1/2	»
9	3 46	10 49	»	5 1/2	»	10 1/2	»
10	4 28	4 54	7 1/4	»	»	10 1/4	10 1/4
		Soir.					
11	5 »	1 07	»	»	»	»	»
12	5 24	2 23	»	»	»	»	»
13	5 44	3 40	»	»	»	»	»
14	6 »	4 58	»	»	»	»	»
N. L.							
15	6 15	6 17	»	»	»	»	»
16	6 30	7 38	»	»	»	»	»
17	6 45	9 »	»	»	»	»	»

SUITE DE MARS.

Date du mois.	Lever de la lune.	Coucher de la lune.	Heures du commencement de l'éclairage.	Heures de l'extinction des lanternes		Nombre d'heures éclairées par jour pour les lanternes.	
				de la ville.	des autorités et portes de la ville.	de la ville.	des autorités et portes de la ville.
18	7 04	10 26	7 1/4	5 1/2	5 1/2	10 1/4	10 1/4
19	7 28	11 53	»	»	»	»	»
20	8 01	Matin.	7 1/2	5 1/4	»	9 3/4	9 3/4
21 P. Q.	8 46	1 16	»	»	»	»	»
22	9 46	2 26	»	»	»	»	»
23	10 58	3 20	»	»	»	»	»
	Soir.						»
24	» 20	3 58	»	»	»	»	»
25	1 42	4 26	»	»	»	»	»
26	3 01	4 47	»	»	»	»	»
27	4 19	5 04	»	12 »	»	4 1/2	»
28 P. L.	5 43	5 19	»	»	»	»	»
29	6 47	5 32	»	»	»	»	»
30	8 »	5 46	»	»	»	»	»
31	9 13	6 01	»	»	»	»	»
						252 1/4	314 »

AVRIL.

Date du mois.	Lever de la lune.	Coucher de la lune.	Heures du commencement de l'éclairage	Heures de l'extinction des lanternes		Nombre d'heures éclairées par jour pour les lanternes	
				de la ville.	des autorités er portes de la ville.	de la ville.	des autorités et portes de la ville.
P. L.	Soir.	Matin.					
1	10 25	6 19	7 3/4	12 »	4 3/4	4 1/4	9 »
2	11 35	6 41	»	»	»	»	»
3	Matin.	7 09	»	1 »	»	5 1/4	»
4	» 41	7 48	»	1 1/2	»	5 3/4	»
5	1 38	8 38	»	2 »	»	6 1/4	»
D. Q.							
6	2 24	9 39	»	3 »	»	7 1/4	»
7	2 59	10 08	»	4 3/4	»	9 »	»
8	3 26	Soir.	»	»	»	»	»
9	3 47	1 16	»	»	»	»	»
10	4 04	2 33	8 »	4 1/2	4 1/2	8 1/2	8 1/2
11	4 19	3 51	»	»	»	»	»
12	4 34	5 12	»	»	»	»	»
N. L.							
13	4 49	6 35	»	»	»	»	»
14	5 07	8 02	»	»	»	»	»
15	5 30	9 30	»	»	»	»	»
16	5 59	10 57	»	»	»	»	»

SUITE D'AVRIL.

Date du mois.	Lever de la lune.	Coucher de la lune.	Heures du commencement de l'eclairage.	Heures de l'extinction des lanternes.		Nombre d'heures éclairées par jour pour les lanternes	
				de la ville.	des autorités et portes de la ville.	de la ville.	des autorités et portes de la ville.
17	6 40	Matin.	8 »	4 1/2	4 1/2	8 1/2	8 1/2
18	7 35	» 15	»	»	»	»	»
19	8 47	1 16	»	»	»	»	»
P. Q.							
20	10 07	2 01	8 1/4	4 1/4	4 1/4	8 »	8
21	11 30	2 31	»	»	»	»	»
	Soir.						
22	» 50	2 53	»	»	»	»	»
23	2 07	3 12	»	»	»	»	»
24	3 21	3 27	»	»	»	»	»
25	4 34	3 40	»	»	»	»	»
26	5 45	3 53	»	12 »	»	3 3/4	»
27	6 58	4 07	»	»	»	»	»
P. L.							
28	8 11	4 24	»	»	»	»	»
29	9 22	4 45	»	»	»	»	»
30	10 29	5 12	»	»	»	»	»
						211 3/4	254 »

MAI.

Date du mois.	Lever de la lune.	Coucher de la lune.	Heures du commencement de l'éclairage.	Heures de l'extinction des lanternes.		Nombre d'heures éclairées par jour pour les lanternes.	
				de la ville.	des autorités et portes de la ville.	de la ville.	des autorités et portes de la ville.
P. L.	Soir.	Matin.					
1	11 29	5 47	8 3/4	12 »	4 »	3 1/4	7 1/4
2	Matin.	6 32	»	»	»	»	»
3	» 18	7 28	»	»	»	»	»
4	» 56	8 33	»	»	»	»	»
5	1 26	9 44	»	»	»	»	»
D. Q.							
6	1 49	10 58	»	»	»	»	»
		Soir.					
7	2 07	9 12	»	»	»	»	»
8	2 23	1 27	»	»	»	»	»
9	2 38	2 43	»	»	»	»	»
10	2 53	4 03	9 »	»	3 1/2	3	6 1/2
11	3 09	5 28	»	»	»	»	»
12	3 29	6 58	»	»	»	»	»
N. L.							
13	3 55	8 28	»	»	»	»	»
14	4 31	9 52	»	»	»	»	»
15	5 20	11 04	»	»	»	»	»
16	6 31	11 56	»	»	»	»	»

SUITE DE MAI.

Date du mois.	Lever de la lune.	Coucher de la lune.	Heures du commencement de l'éclairage.	Héures de l'extinction des lanternes.		Nombre d'heures éclairées par jour pour les lanternes	
				de la ville.	des autorités et portes de la ville.	de la ville.	des autorités et portes de la ville.
17	7 51	Matin. 9	»	12	»	3 1/2	3	»	6 1/2
18	9 15	» 31	»	»	»	»	.
P. Q.							
19	10 38	» 57	»	»	»	»	»
20	11 58	1 18	9 1/4	»	»	2 3/4	6 1/4
	Soir.						
21	1 13	1 34	»	»	»	»	»
22	2 23	1 47	»	»	»	»	»
23	3 35	2 »	»	»	»	»	»
24	4 46	2 14	»	»	»	»	»
25	5 59	2 30	»	»	»	»	»
26	7 11	2 50	»	»	»	»	»
N. L.							
27	8 20	3 15	»	»	»	»	»
28	9 22	3 47	»	»	»	»	»
29	10 14	4 28	»	»	»	»	»
30	10 56	5 21	»	»	»	»	»
31	11 29	6 24	»	»	»	»	»
						92 1/4	205 1/4

				JUIN.			
Date du mois.	Lever de la lune.	Coucher de la lune.	Heures du commencement de l'éclairage.	Heures de l'extinction des lanternes		Nombre d'heures éclairées par jour pour les lanternes	
				de la ville.	des autorités et portes de la ville.	de la ville.	des autorites et portes de la ville.
P. L.	Soir.	Matin.					
1	11 53	7 32	9 1/4	12 »	3 1/4	2 3/4	6 »
2	Matin.	8 45	»	»	»	»	»
3	» 12	9 57	9 »	»	»	»	»
D. Q.							
4	» 27	11 09	»	»	»	»	»
		Soir.					
5	» 42	» 23	»	»	»	»	«
6	» 57	1 30	»	»	»	»	»
7	1 12	2 50	»	»	»	»	»
8	1 30	4 23	»	»	»	»	»
9	1 54	5 53	»	»	»	»	»
10	2 25	7 23	»	»	»	»	»
11	3 08	8 42	»	»	»	»	»
N. L.							
12	4 08	9 42	»	»	»	»	»
13	5 24	10 27	»	»	»	»	»
14	6 30	10 58	»	»	»	»	»
15	8 18	11 22	»	»	»	»	»
16	9 41	11 46	»	»	»	»	»

SUITE DE JUIN.

Date du mois.	Lever de la lune.	Coucher de la lune.	Heures du commencement de l'éclairage.	Heure de l'extinction des lanternes		Nombre d'heures éclairées par jour pour les lanternes.	
				de la ville.	des autorités et portes de la ville.	de la ville.	des autorités et portes de la ville.
17 P. Q.	10 58 Soir.	11 56	9 1/2	12 »	3 1/4	2 3/4	6 »
18	» 13	Soir.	»	»	»	»	»
19	1 23	» 09	»	»	»	»	»
20	2 37	» 22	»	»	»	»	»
21	3 49	» 37	»	»	»	»	»
22	5 01	» 55	»	»	»	»	»
23	6 11	1 18	»	»	»	»	»
24	7 15	1 48	»	»	»	»	»
25 P. L.	8 11	2 20	»	»	»	»	»
26	8 50	3 15	»	»	»	»	»
27	9 30	4 16	»	»	»	»	»
28	9 57	5 24	»	»	»	»	»
29	10 18	6 35	»	»	»	»	»
30	10 35	7 45	»	»	»	»	»
						82 1/2	180 »

JUILLET.

Date du mois.	Lever de la lune.	Coucher de la lune.	Heures du commencement de l'éclairage.	Heures de l'extinction des lanternes		Nombre d'heures éclairées par jour pour les lanternes.	
				de la ville.	des autorités et portes de la ville.	de la ville.	des autorités et portes de la ville.
P. L.	Soir.	Matin.					
1	10 49	8 50	9 1/4	12 »	3 1/4	2 3/4	6 »
2	11 03	10 10	»	»	»	»	»
3	11 18	11 25	»	»	»	»	»
D. Q.		Soir.					
4	11 36	» 38	»	»	»	»	»
5	11 57	1 53	»	»	»	»	»
6	Matin.	3 17	»	»	»	»	»
7	» 22	4 45	»	»	»	»	»
8	» 57	6 11	»	»	»	»	»
9	1 49	7 22	»	»	»	»	»
N. L.							
10	2 59	8 17	»	»	»	»	»
11	4 21	8 57	»	»	»	»	»
12	5 48	9 23	»	»	»	»	»
13	7 15	9 43	»	»	»	»	»
14	8 38	9 59	»	»	»	»	»
15	9 55	10 11	»	»	»	»	»

SUITE DE JUILLET.

Date du mois.	Lever de la lune.	Coucher de la lune.	Heures du commencement de l'éclairage.	Heures de l'extinction des lanternes		Nombre d'heures éclairées par jour pour les lanternes.	
				de la ville	des autorités et portes de la ville,	de la ville.	des autorités et portes de la ville.
16 P. Q.	11 12 Soir.	10 25	9 »	12 »	2 »	2 3/4	6 »
17	» 27	10 41	»	»	»	»	»
18	1 40	10 57	»	»	»	»	»
19	2 52	11 18	»	»	»	»	»
20	4 01	11 46	»	»	»	»	»
21	5 08	Matin.	»	»	»	»	»
22	6 06	» 23	»	»	»	»	»
23	6 54	1 09	»	»	»	»	»
24	7 32	2 04	»	»	»	»	»
25 P. L.	8 02	3 09	»	»	»	»	»
26	8 24	4 21	»	»	»	»	»
27	8 41	5 36	»	»	»	»	»
28	8 57	6 50	»	»	»	»	»
29	9 10	8 02	»	»	»	»	»
30	9 25	9 14	»	»	»	»	»
31	9 40	10 27	»	»	»	»	»
						90 3/4	186 »

AOUT.

Date du mois.	Lever de la lune.	Coucher de la lune.	Heures du commencement de l'éclairage	Heures de l'extinction des lanternes		Nombre d'heures éclairées par jour pour les lanternes	
				de la ville.	des autorités er portes de la ville.	de la ville.	des autorités et portes de la ville.
	Soir.	Matin.					
1	9 56	11 45	8 1/2	12 »	3 1/4	3 1/2	6 3/4
D. Q.		Soir.	»	»	»	»	»
2	10 18	1 05	»	»	»	»	»
3	10 47	2 20	»	»	»	»	»
4	11 32	3 52	»	»	»	»	»
5	Matin.	5 05	»	»	»	»	»
6	» 32	6 03	»	»	»	»	»
7	1 47	6 48	»	»	»	»	»
8	3 13	7 20	»	»	»	»	»
N. L.							
9	4 41	7 45	»	»	»	»	»
10	6 10	8 02	»	»	»	»	»
11	7 33	8 17	8 1/4	»	3 1/2	3 3/4	7 1/4
12	8 51	8 31	»	»	»	»	»
13	10 05	8 47	»	»	»	»	»
14	11 21	9 03	»	»	»	»	»
	Soir.					»	»
15	» 36	9 23	»	»	»	»	»

SUITE D'AOUT.

Date du mois.	Lever de la lune.	Coucher de la lune.	Heures du commencement de l'éclairage.	Heures de l'extinction des lanternes.		Nombre d'heures éclairées par jour pour les lanternes	
				de la ville.	des autorités et portes de la ville.	de la ville.	des autorités et portes de la ville.
P. Q.							
16	1 47	9 49	8 1/4	12 »	3 1/2	3 3/4	7 1/4
17	2 56	10 22	»	»	»	»	»
18	3 57	11 06	»	»	»	»	»
19	4 49	11 58	»	»	»	»	»
20	5 32	Matin.	»	»	»	»	»
21	6 04	1 »	8 »	»	4 »	4 »	8 »
22	6 29	2 10	»	»	»	»	»
23	6 48	3 23	»	»	»	»	»
P. L.							
24	7 04	4 36	»	»	»	»	»
25	7 19	5 50	7 1/2	»	»	4 1/2	8 1/2
26	7 33	7 03	»	»	»	»	»
27	7 48	8 07	»	»	»	»	»
28	8 04	9 34	»	4 »	»	8 1/2	»
29	8 25	10 53	»	»	»	»	»
	Soir.						
30	8 51	» 15	»	»	»	»	»
D. Q.							
31	9 29	1 28	»	»	»	»	»
						136 »	231 1/2

SEPTEMBRE.							
Date du mois.	Lever de la lune.	Coucher de la lune.	Heures du commencement de l'éclairage.	Heures de l'extinction des lanternes.		Nombre d'heures éclairées par jour pour les lanternes.	
				de la ville.	des autorités et portes de la ville.	de la ville.	des autorités et portes de la ville.
D. Q.	Soir.	Soir.					
1	10 20	2 53	7 1/4	4 1/2	4 1/2	9 1/4	9 1/4
2	11 27	3 56	»	»	»	»	»
3	Matin.	4 45	»	»	»	»	»
4	» 48	5 20	»	»	»	»	»
5	2 14	5 44	»	»	»	»	»
6	3 41	6 05	»	»	»	»	»
N. L.							
7	5 03	5 22	»	»	»	»	»
8	6 24	6 36	»	»	»	»	»
9	7 43	6 51	»	»	»	»	»
10	8 58	7 08	6 3/4	4 3/4	4 3/4	10 »	10 »
11	10 14	7 27	»	»	»	»	»
12	11 30	7 50	»	»	»	»	»
	Soir.						
13	» 42	8 20	»	»	»	»	»
14	1 49	8 58	»	»	»	»	»
P. Q.							
15	2 45	9 46	»	»	»	»	»

SUITE DE SEPTEMBRE.

Date du mois.	Lever de la lune.	Coucher de la lune.	Heures du commencement de l'éclairage.	Héures de l'extinction des lanternes.		Nombre d'heures éclairées par jour pour les lanternes	
				de la ville.	des autorités et portes de la ville.	de la ville.	des autorités et portes de la ville.
16	3 30	10 47	6 3/4	4 3/4	4 3/4	10 »	10 »
17	4 05	11 54	»	»	»	»	»
18	4 32	Matin.	»	»	»	»	»
19	4 53	1 05	»	»	»	»	»
20	5 09	2 19	»	»	»	»	»
21	5 25	3 33	»	»	»	»	»
22	5 36	4 47	»	12 »	»	5 1/4	»
P. L.							
23	5 52	6 03	»	»	»	»	»
24	6 09	7 19	»	»	»	»	»
25	6 29	8 40	6 1/2	»	5 »	5 1/2	10 1/2
26	6 56	10 02	»	»	»	»	»
27	7 29	11 25	»	»	»	»	»
		Soir.					
28	8 16	» 44	»	»	»	»	»
29	9 19	1 31	»	»	»	»	»
D. Q.							
30	10 33	2 43	»	»	»	»	»
						252 »	296 1/4

OCTOBRE.

Date du mois.	Lever de la lune.	Coucher de la lune.	Heures du commencement de l'éclairage.	Heures de l'extinction des lanternes		Nombre d'heures éclairées par jour pour les lanternes	
				de la ville.	des autorites et portes de la ville.	de la ville.	des autorites et portes de la ville.
D. Q.	Soir.						
1	11 57	3 21	6 1/4	1 »	5 1/4	6 3/4	11 »
2	Matin.	3 49	»	1 »	»	»	»
3	1 21	4 10	»	2 »	»	7 3/4	»
4	2 43	4 27	»	5 1/4	»	11 »	»
5	4 02	4 43	»	»	»	»	»
6	5 16	4 58	»	»	»	»	»
N. L.							
7	6 34	5 12	»	»	»	»	»
8	7 52	5 30	»	»	»	»	»
9	9 08	5 52	»	»	»	»	»
10	10 21	6 2	»	»	»	»	»
11	11 32	6 52	6 »	5 1/2	5 1/2	11 1/2	11 1/2
Soir.							
12	» 34	7 39	»	»	»	»	»
13	1 24	8 35	»	»	»	»	»
14	2 04	9 38	»	»	»	»	»
15	2 33	10 48	»	»	»	»	»
16	2 56	11 59	»	»	»	»	»
17	3 15	Matin.	»	»	»	»	»

SUITE D'OCTOBRE.

Date du mois.	Lever de la lune.	Coucher de la lune.	Heures du commencement de l'éclairage.	Heures de l'extinction des lanternes.		Nombre d'heures éclairées par jour pour les lanternes	
				de la ville.	des autorités et portes de la ville.	de la ville.	des autorités et portes de la ville.
18	2 30	1 12	6 »	5 1/2	5 1/2	11 1/2	11 1/2
19	3 45	2 25	»	»	»	»	»
20	3 57	3 40	»	»	»	»	»
21 P. L.	4 13	4 57	5 3/4	»	5 3/4	12 »	12 »
22	4 33	6 16	»	12 »	»	6 1/4	»
23	4 58	7 38	»	»	»	»	»
24	5 32	9 06	»	»	»	»	»
25	6 15	10 31	»	»	»	»	»
26	7 11	11 40 Soir.	»	»	»	»	»
27	8 24	» 44	»	»	»	»	»
28 D. Q.	9 43	1 25	»	»	»	»	»
29	11 08	1 54	»	»	»	»	»
30	Matin.	2 14	»	1 »	»	7 1/4	»
31	» 31	2 32	»	1 »	»	7 1/4	»
						289 3/4	357 »

NOVEMBRE.

Date du mois.	Lever de la lune.	Coucher de la lune.	Heures du commencement de l'éclairage.	Heures de l'extinction des lanternes		Nombre d'heures éclairées par jour pour les lanternes	
				de la ville.	des autorités et portes de la ville.	de la ville.	des autorités et portes de la ville.
D. Q.	Matin.	Soir.					
1	1 49	2 48	5 1/2	6 1/4	6 1/4	12 3/4	12 3/4
2	3 05	3 02	»	»	»	»	»
3	4 18	3 19	»	»	»	»	»
4	5 33	3 36	»	»	»	»	»
N. L.							
5	6 49	3 54	»	»	»	»	»
6	8 05	4 15	»	»	»	»	»
7	9 17	4 49	»	»	»	»	»
8	10 21	5 32	»	»	»	»	»
9	11 15	6 35	»	»	»	»	»
10	11 59	7 25	»	»	»	»	»
	Soir.						
11	» 33	8 33	5 1/4	6 1/2	6 1/2	13 1/4	13 1/4
12	» 57	9 44	»	»	»	»	»
P. Q.							
13	1 18	10 52	»	»	»	»	»
14	1 34	Matin.	»	»	»	»	»
15	1 48	» 04	»	»	»	»	»

SUITE DE NOVEMBRE.

Date du mois.	Lever de la lune.	Coucher de la lune.	Heures du commencement de l'éclairage.	Heures de l'extinction des lanternes.		Nombre d'heures éclairées par jour pour les lanternes	
				de la ville.	des autorités et portes de la ville.	de la ville.	des autorités et portes de la ville.
16	2 03	1 16	5 1/4	6 1/2	6 1/2	13 1/4	13 1/4
17	2 16	2 39	»	»	»	»	»
18	2 33	3 46	»	»	»	»	»
19	2 54	5 07	»	»	»	»	»
20 P. L.	3 22	6 31	»	12 »	6 3/4	6 3/4	14 »
21	4 03	8 »	»	»	»	»	»
22	4 57	9 21	4 3/4	»	»	7 1/4	»
23	6 08	10 28	»	»	»	»	»
24	7 30	11 18	»	»	»	»	»
25	8 56	11 54	»	»	»	»	»
		Soir.					
26 D. Q.	10 18	» 24	»	»	»	»	»
27	11 38	» 40	»	»	»	»	»
28	Matin.	» 56	»	1 »	»	8 1/4	»
29	» 56	1 10	»	2 »	»	9 1/4	»
30	2 12	1 25	»	3 »	»	10 1/4	»
						331 1/2	400 3/4

DÉCEMBRE.

Date du mois.	Lever de la lune.	Coucher de la lune.	Heures du commencement de l'éclairage.	Heures de l'extinction des lanternes.		Nombre d'heures éclairées par jour pour les lanternes.	
				de la ville.	des autorités et portes de la ville.	de la ville.	des autorités et portes de la ville.
D. Q.	Matin.	Soir.					
1	3 25	1 41	4 1/2	7 »	7 »	14 1/2	14 1/2
2	4 38	2 »	»	»	»	»	»
3	5 53	2 21	»	»	»	»	»
4	6 04	2 50	»	»	»	»	»
N. L.							
5	8 11	3 29	»	»	»	»	»
6	9 08	4 17	»	»	»	»	»
7	9 55	5 16	»	»	»	»	»
8	10 32	6 21	»	»	»	»	»
9	11 »	7 30	»	»	»	»	»
10	11 21	8 40	»	»	»	»	»
11	11 38	9 49	4 1/4	»	»	14 3/4	14 3/4
12	11 53	10 50	»	»	»	»	»
P. Q.	Soir.	Matin.					
13	» 08	»	»	»	»	»	»
14	» 21	» 10	»	»	»	»	»
15	» 36	1 23	»	»	»	»	»
16	» 54	2 41	»	»	»	»	»

SUITE DE DÉCEMBRE.

Date du mois.	Lever de la lune.	coucher de la lune.	Heures du commencement de l'éclairage.	Heures de l'extinction des lanternes. de la ville.	des autorités et portes de la ville.	Nombre d'heures éclairées par jour pour les lanternes de la ville.	des autorités et portes de la ville.
17	1 17	4 03	4 1/4	7	7	14 3/4	14 3/4
18	1 50	5 28	»	»	»	»	»
19 P. L.	2 38	6 51	»	12	»	7 3/4	»
20	3 42	8 05	»	»	»	»	»
21	5 01	9 04	»	»	»	»	»
22	6 29	9 48	»	»	»	»	»
23	7 58	10 23	»	»	»	»	»
24	9 23	10 43	»	7	»	14 3/4	»
25	10 43	10 59	»	»	»	»	»
26 D. Q.	Matin. »	11 15	»	12	»	7 3/4	»
27	»	11 31	»	1	»	8 3/4	»
28	1 15	11 47	»	2	»	9 3/4	»
29	2 20	» 05	»	7	»	14 3/4	»
30	3 42	» 26	»	»	»	»	»
31	4 54	» 52	»	»	»	»	»
						401 3/4	454 3/4

RÉCAPITULATION.

	NOMBRE D'HEURES éclairées par les lanternes	
	de la ville.	des autorités et des portes de la ville.
JANVIER.	363 3/4	430 3/4
FEVRIER	273 1/4	228 3/4
MARS	252 1/4	314 »
AVRIL	211 3/4	254 »
MAI	92 1/4	205 1/4
JUIN	82 1/2	180 »
JUILLET	90 3/4	186 »
AOUT	136 »	231 1/2
SEPTEMBRE	252 »	296 1/4
OCTOBRE	289 3/4	357 »
NOVEMBRE	331 1/2	400 3/4
DECEMBRE	401 3/4	454 3/4
	2,777 1/2	3,539 »

Le Maire de Lille,

Officier de la Légion-d'Honneur et de l'Ordre de Léopold de Belgique,

Auguste RICHEBÉ.

Nota. Conformément au cahier des charges, toutes les lanternes doivent être allumées un quart d'heure après le moment fixé par le présent tableau pour le commencement de l'éclairage.

Lille. Imp. de Guermonprez.

TABLEAU

DE

L'ÉCLAIRAGE DE LA VILLE DE LILLE

POUR L'ANNÉE 1859.

SUITE DE FÉVRIER.

Date du mois.	Lever de la lune.	Coucher de la lune.	Heures du commencement de l'éclairage.	Heures de l'extinction des lanternes		Nombre d'heures éclairées par jour pour les lanternes	
				de la ville.	des autorités et portes de la ville.	de la ville.	des autorités et portes de la ville.
	Soir.						
19	8 30	7 41	6 1/4	12 »	6 »	5 3/4	11 3/4
20	9 51	8 57	»	»	»	»	»
21	11 10	8 15	»	»	»	»	»
	Matin.						
22	0 27	8 34	»	1 »	»	6 3/4	»
23	1 40	8 56	»	1 »	»	»	»
D. Q.							
24	1 40	9 25	»	2 1/4	»	8 »	»
25	2 48	10 04	6 1/2	3 1/4	»	8 3/4	11 1/2
26	3 46	10 53	»	6 »	»	11 1/2	»
27	4 32	11 51	»	»	»	»	»
		Soir.					
28	5 08	» 57	»	»	»	»	»
						273 1/2	334 3/4

1858

MARS.

Date du mois.	Lever de la lune.	coucher de la lune.	Heures du commencement de l'éclairage.	Heure de l'extinction des lanternes de la ville.	Heure de l'extinction des lanternes des autorités et portes de la ville.	Nombre d'heures éclairées par jour pour les lanternes de la ville.	Nombre d'heures éclairées par jour pour les lanternes des autorités et portes de la ville.
	Matin.	Soir.					
1	5 36	2 08	6 3/4	5 1/2	5 1/2	10 3/4	10 3/4
2	5 57	3 17	»	»	»	»	»
3	6 13	4 26	»	»	»	»	»
N. L.							
4	6 28	5 37	»	»	»	»	»
5	6 43	6 49	»	»	»	»	»
6	6 57	8 01	»	»	»	»	»
7	7 12	9 16	»	»	»	»	»
8	7 30	10 34	»	»	»	»	»
9	7 51	11 5-	»	»	»	»	»
10	8 19	Matin	7	»	»	10 1/2	10 1/2
11	8 57	1 11	»	»	»	»	»
P. Q.							
12	9 50	2 24	»	»	»	»	»
13	10 59	3 24	»	»	»	»	»
	Soir.						
14	» 19	4 07	»	»	»	»	»
15	1 46	4 40	»	12	»	5	6
16	3 13	5 06	»	»	»	»	»
17	4 38	5 27	»	»	»	»	»
P. L.							
18	6 01	5 48	»	»	»	»	»

SUITE DE MARS.

Date du mois.	Lever de la lune.	Coucher de la lune.	Heures du commencement de l'éclairage.	Heures de l'extinction des lanternes		Nombre d'heures éclairées par jour po les lanternes.	
				de la ville.	des autorités et portes de la ville.	de la ville.	des autorités et portes de la ville.
	Soir.						
19	7 22	6 01	7 1/4	12	5 1/4	4 3/4	10 »
20	8 42	6 17	»	»	»	»	»
21	10 02	6 35	»	»	»	»	»
22	11 20	6 57	»	»	»	»	»
23	Matin.	7 24	»	1	»	5 3/4	»
24	» 32	7 59	»	»	»	»	»
25	1 34	8 44	»	2	»	6 3/4	»
D. Q.							
26	2 26	9 39	»	3	»	7 3/4	»
27	3 07	10 43	»	5 1/4	»	10 »	»
28	3 38	11 52	»	»	»	»	»
		Soir.					
29	4 01	1 02	»	»	»	»	»
N. L.				»	»	»	»
30	4 19	1 01	7 1/2	»	»	9 3/4	9 3/4
31	4 34	3 34	»	»	»	»	»
						263 3/4	321 3/4

AVRIL.

Date du mois.	Lever de la lune.	Coucher de la lune.	Heures du commencement de l'éclairage	Heures de l'extinction des lanternes de la ville.	Heures de l'extinction des lanternes des autorités et portes de la ville.	Nombre d'heures éclairées par jour pour les lanternes de la ville.	Nombre d'heures éclairées par jour pour les lanternes des autorités et portes de la ville.
D. Q.	Matin.	Soir.					
1	4 50	4 35	7 3/4	4 3/4	4 3/4	9	9
2	5 30	5 45	»	»	»	»	»
N. L.							
3	5 18	7 »	»	»	»	»	»
4	5 35	8 18	»	»	»	»	»
5	5 55	9 38	»	»	»	»	»
6	6 22	10 59	»	»	»	»	»
7	6 57	Matin.	»	»	»	»	»
8	7 47	» 14	»	»	»	»	»
9	8 51	1 18	»	»	»	»	»
P. Q.							
10	10 06	2 06	8 »	4 1/2	4 1/2	8 1/2	8 1/2
11	11 28	2 42	»	»	»	»	»
	Soir.						
12	» 53	3 09	»	»	»	»	»
13	2 17	3 31	»	»	»	»	»
14	3 37	3 49	»	12	»	4	»
15	4 57	4 05	»	»	»	»	»
16	6 17	4 21	»	»	»	»	»
P. L.							
17	7 36	4 39	»	»	»	»	»
18	8 55	4 59	»	»	»	»	»

SUITE D'AVRIL.

Date du mois.	Lever de la lune.	Coucher de la lune.	Heures du commencement de l'éclairage.	Heures de l'extinction des lanternes		Nombre d'heures éclairées par jour pour les lanternes	
				de la ville.	des autorités et portes de la ville.	de la ville.	des autorités et portes de la ville.
	Soir.	Matin.					
19	10 11	5 24	»	12 »	»	»	»
20	11 20	5 56	8 1/4	»	4 1/4	3 3/4	8 »
21	Matin.	6 38	»	1 »	»	4 3/4	»
22	» 17	7 29	»	»	»	»	»
23	1 02	8 30	»	1 1/2	»	5 1/4	»
24	1 37	9 37	»	2	»	5 3/4	»
D. Q.							
25	2 03	10 47	»	2 1/2	»	6 1/4	»
26	2 23	11 56	»	»	»	»	»
		Soir.					
27	2 40	1 05	»	4 1/4	»	8 »	»
28	2 55	2 16	»	»	»	»	»
29	3 08	3 28	»	»	»	»	»
30	2 23	4 41	»	?	»	»	»
						207 3/4	254 »

MAI.

Date du mois.	Lever de la lune.	coucher de la lune.	Heu es du commencement de l'éclairage.	Heure de l'extinction des lanternes		Nombre d'heures éclairées par jour pour les lanternes	
				de la ville.	des autorités et portes de la ville	de la ville.	des autorités et portes de la ville.
	Matin.	Soir.					
1	3 40	5 57	8 3/4	12	4	3 1/4	7 1/4
N. L.							
2	4 01	7 21	»	»	»	»	»
3	4 22	8 42	»	»	»	»	»
4	4 55	9 59	»	»	»	»	»
5	5 41	11 08	»	»	»	»	»
6	6 42	Matin.	»	»	»	»	»
7	7 55	» 04	»	»	»	»	»
8	9 17	» 45	»	»	»	»	»
P. Q.							
9	10 42	1 14	»	»	»	»	»
	Soir.						
10	» 05	1 36	9	»	3 1/2	3	6 1/2
11	1 25	1 55	»	l:	»	»	»
12	2 44	2 11		i.	»	»	»
13	4 02	2 27	»	»	»	»	»
14	5 19	2 43	»	»	»	»	»
15	6 36	3 01	»	»	»	«	»
P. L.							
16	7 53	3 24	»	»	»	»	»
17	9 04	3 54	»	»	»	»	»
18	10 05	4 32	»	»	»	»	»

SUITE DE MAI.

Date du mois.	Lever de la lune.	Coucher de la lune.	Heures du commencement de l'éclairage.	Heures de l'extinction des lanternes		Nombre d'heures éclairées par jour pour les lanternes.	
				de la ville.	des autorités et portes de la ville.	de la ville.	des autorités et portes de la ville.
	Soir.						
19	10 55	5 02	9 »	12	3 1/2	3	6 1/2
20	11 34	6 18	9 1/4	»	»	2 3/4	6 1/4
21	Matin.	7 23	»	»	»	»	»
22	» 03	8 32	»	»	»	»	»
23	» 25	9 41	»	»	»	»	»
D. Q.							
24	» 43	10 50	»	»	»	»	»
25	1 »	11 59	»	»	»	»	»
		Soir.					
26	1 15	1 09	»	»	»	»	»
27	1 29	2 20	»	»	»	»	»
28	1 43	3 34	»	»	»	»	»
29	2 »	4 51	»	»	»	»	»
30	2 22	6 12	»	»	»	»	»
31	2 51	7 34	»	»	»	»	»
						92 1/4	205 1/4

JUIN.

Date du mois.	Lever de la lune.	Coucher de la lune	Heures du commencement de l'éclairage	Heures de l'extinction des lanternes — de la ville.	Heures de l'extinction des lanternes — des autorités et portes de la ville.	Nombre d'heures éclairées par jour pour les lanternes — de la ville.	Nombre d'heures éclairées par jour pour les lanternes — des autorités et portes de la ville.
N. L.	Matin.	Soir.					
1	3 31	8 51	9 1/4	12	3 1/4	2 3/4	6
2	4 27	9 56	»	»	»	»	»
3	5 38	10 42	»	»	»	»	»
4	7 01	11 15	»	»	»	»	»
5	8 27	11 40	»	»	»	»	»
6	9 52	Matin.	»	»	»	»	»
P. Q.							»
7	11 14	» 01	»	»	»	»	»
	Soir.						
8	» 33	» 18	»	»	»	»	»
9	1 51	» 34	»	»	»	»	»
10	3 07	» 50	»	»	»	»	»
11	4 23	1 07	»	»	»	»	»
12	5 39	1 28	»	»	»	»	»
13	6 51	1 55	»	»	»	»	»
14	7 56	2 29	»	»	»	»	»
P. L.							
15	8 51	3 13	»	»	»	»	»
16	9 33	4 09	»	»	»	»	»
17	10 05	5 12	»	»	»	»	»
18	10 29	6 20	»	»	»	»	»

SUITE DE JUIN.

Date du mois.	Lever de la lune.	Coucher de la lune.	Heures du commencement de l'éclairage.	Heures de l'extinction des lanternes		Nombre d'heures éclairées par jour pour les lanternes	
				de la ville.	des autorités et portes de la ville.	de la ville.	des autorités et portes de la ville.
	Soir.	Matin.					
19	10 48	7 29	9 1/4	12	3 1/4	2 3/4	6
20	11 05	8 37	»	»	»	»	»
21	1 19	9 46	»	»	»	»	»
22	11 32	10 54	»	»	»	»	»
D. Q.		Soir.					
23	11 46	» 02	»	»	»	»	»
24	Matin.	1 14	»	»	»	»	»
25	» 03	2 29	»	»	»	»	»
26	» 22	3 47	»	»	»	»	»
27	» 47	5 08	»	»	»	»	»
28	1 22	6 28	»	»	»	»	»
29	2 10	7 39	»	»	»	»	»
30	3 15	8 25	»	»	»	»	»
						82 1/2	180 »

JUILLET.

Date du mois.	Lever de la lune.	Coucher de la lune.	Heures du commencement de l'éclairage	Heures de l'extinction des lanternes		Nombre d'heures clairées par jour pour les lanternes	
				de la ville.	des autorités et portes de la ville.	de la ville	des autorités et portes de la ville.
N. L.	Matin.	Soir.					
1	4 34	9 11	9	12	3	3	6
2	6 03	9 42	»	»	»	»	»
3	7 31	10 04	»	»	»	»	»
4	8 57	10 22	»	»	»	»	»
5	10 20	10 40	»	»	»	»	»
6	11 40	10 57	»	»	»	»	»
P. Q.		Soir.					
7	» 57	11 14	»	»	»	»	»
8	2 14	11 33	»	»	»	»	»
9	3 30	11 57	»	»	»	»	»
10	4 42	Matin.	»	»	»	»	»
11	5 49	» 29	8 3/4	»	»	3 1/4	6 1/2
12	6 47	1 10	»	»	»	»	»
13	7 32	2 01	»	»	»	»	»
14	8 07	3 12	»	»	»	»	»
P. L.							
15	8 34	4 09	»	»	»	»	»
16	8 55	5 18	»	»	»	»	»
17	9 12	6 26	»	»	»	»	»
18	9 27	7 35	»	»	»	»	»

SUITE DE JUILLET.

Date du mois.	Lever de la lune.	Coucher de la lune.	Heures du commencement de l'éclairage.	Heures de l'extinction des lanternes.		Nombre d'heures éclairées par jour pour les lanternes	
				de la ville.	des autorités et portes de la ville.	de la ville.	des autorités et portes de la ville.
	Soir.	Matin.					
19	9 40	8 44	8 3/4	12 »	3	3 1/4	6
20	9 53	9 52	»	»	»	»	»
21	10 07	11 01	8	»	4	4	8
		Soir.					
22	10 24	» 12	»	»	»	»	»
D. Q.							
23	10 45	1 27	»	»	»	»	»
24	11 14	2 45	»	»	»	»	»
25	11 54	4 03	8 1/2	»	»	3 1/2	6 3/4
26	Matin.	5 16	»	»	»	»	»
27	» 49	6 17	»	»	»	»	»
28	2 03	7 03	»	»	»	»	»
N. L.							
29	3 28	7 39	»	»	»	»	»
30	4 57	8 06	»	»	»	»	»
31	6 28	8 26	»	»	»	»	»
						97 »	231 1/2

AOUT.

Date du mois.	Lever de la lune.	Coucher de la lune.	Heures du commencement de l'éclairage.	Heures de l'extinction des lanternes.		Nombre d'heures éclairées par jour pour les lanternes	
				de la ville.	des autorités et portes de la ville.	de la ville.	des autorités et portes de la ville.
		Soir.					
1	7 54	8 44	8 1/2	12	3 1/4	3 1/2	6 3/4
2	9 17	9 01	»	»	»	»	»
3	10 39	9 18	»	»	»	»	»
4	11 59	9 38	»	»	»	»	»
P. Q.	Soir.						
5	1 17	10 02	»	»	»	»	»
6	2 32	10 31	»	»	»	»	»
7	3 42	11 08	»	»	»	»	»
8	4 43	11 55	»	»	»	»	»
9	5 32	Matin.	»	»	»	»	»
10	6 10	» 54	»	»	»	»	»
11	6 40	2 »	8 1/4	»	3 1/2	3 3/4	7 1/4
12	7 03	3 08	»	»	»	»	»
P. L.							
13	7 20	4 17	»	»	»	»	»
14	7 34	5 25	»	»	»	»	»
15	7 48	6 34	»	»	»	»	»
16	8 01	7 42	»	1	»	»	»
17	8 15	8 51	»	1	»	»	»
18	8 30	10 01	»	»	»	»	»

SUITE D'AOUT.

Date du mois.	Lever de la lune.	Coucher de la lune.	Heures du commencement de l'éclairage.	Heures de l'extinction des lanternes.		Nombre d'heures éclairées par jour pour les lanternes	
				de la ville.	des autorités et portes de la ville.	de la ville.	des autorités et portes de la ville
	Soir.	Matin.					
19	10 48	7 29	8 1/4	12 »	3 1/2	3 3/4	6 »
20	11 05	8 37	»	»	»	»	»
21	1 19	9 46	8	»	4	4	8
22	11 32	10 54	»	»	»	»	»
D. Q.		Soir.					
23	11 46	» 02	»	»	»	»	»
24	Matin.	1 14	»	»	»	»	»
25	» 03	2 29	7 1/2	4	»	8 1/2	3 1/2
26	» 22	3 47		»	»	»	»
27	» 47	5 08	»	»	»	»	»
28	1 22	6 28	»	»	»	»	»
29	2 10	7 39	»	»	»	»	»
N. L.							
30	3 15	8 35	»	»	»	»	»
						148 »	231 1/2

SEPTEMBRE.

Date du mois.	Lever de la lune.	Coucher de la lune.	Heures du commencement de l'éclairage.	Heures de l'extinction des lanternes		Nombre d'heures éclairées par jour pour les lanternes	
				de la ville.	des autorités et portes de la ville.	de la ville.	des autorités et portes de la ville.
	Matin.	Soir.					
1	10 58	8 03	7 1/4	4 1/2	4 1/2	9 1/4	9 1 4
	Soir.						
2	» 14	8 32	»	»	»	»	»
3	1 28	9 08	»	»	»	»	»
P. Q.						»	»
4	2 34	9 52	»	»	»	»	»
5	3 29	10 46	»	»	»	»	»
6	4 11	11 49	»	»	»	»	»
7	4 43	Matin.	»	»	»	»	»
8	5 06	» 57	»	»	»	»	»
9	5 25	2 06	»	»	»	»	»
10	5 42	3 14	6 3/4	»	»	9 3/4	9 3/4
11	5 57	4 23	»	12	»	5 1/4	»
P. L.							
12	6 11	5 32	»	»	»	»	»
13	6 24	6 41	»	»	»	»	»
14	6 39	7 51	»	»	»	»	»
15	6 57	9 03	»	»	»	»	»
16	7 19	10 17	»	»	»	»	»
17	7 49	11 33	»	»	»	»	»
		Soir.					
18	8 31	» 47	»	»	»		»

SUITE DE SEPTEMBRE.

Date du mois.	Lever de la lune.	Coucher de la lune.	Heures du commencement de l'éclairage.	Heures de l'extinction des lanternes.		Nombre d'heures éclairées par jour pour les lanternes	
				de la ville.	des autorités et portes de la ville.	de la ville.	des autorités et portes de la ville.
D. Q.	Soir.	Soir.					
19	9 29	1 53	6 3/4	12	4 3/4	5 1/4	10
20	10 38	2 49	»	»	»	»	»
21	11 57	3 31	»	1	»	6 1/4	»
22	Matin.	4 03	»	2	»	7 1/4	»
23	1 23	4 29	»	4 3/4	»	10	»
24	2 50	4 50	»	»	»	»	»
25	4 16	5 08	6 1/2	5	5	10 1/2	10 1/2
N. L.							
26	5 41	5 25	»	»	»	»	»
27	7 05	5 43	»	»	»	»	»
28	8 29	6 04	»	»	»	»	»
29	9 51	6 30	»	»	»	»	»
30	11 09	7 03	»	»	»	»	»
						242 »	294 »

OCTOBRE.

Date du mois.	Lever de la lune.	Coucher de la lune.	Heures du commencement de l'éclairage.	Heures de l'extinction des lanternes.		Nombre d'heures éclairées par jour pour les lanternes	
				de la ville.	des autorités et portes de la ville.	de la ville.	des autorités et portes de la ville.
	Soir.	Soir.					
1	» 21	7 45	6 1/4	5 1/4	5 1/4	11	11
2	1 20	8 38	»	»	»	»	»
P. Q.							
3	2 09	9 39	»	»	»	»	»
4	2 45	10 45	»	»	»	»	»
5	3 11	11 54	»	»	»	»	»
6	3 31	Matin.	»	»	»	»	»
7	3 48	1 02	»	»	»	»	»
8	4 03	2 11	»	»	»	»	»
9	4 18	3 19	»	»	»	»	»
10	4 32	4 28	»	»	»	»	»
11	4 47	5 38	6	12	5 1/2	6	11 1/2
P. L.							
12	5 03	6 50	»	»	»	»	»
13	5 24	8 05	»	»	»	»	»
14	5 53	9 22	»	»	»	»	»
15	6 31	10 37	»	»	»	»	»
16	7 22	11 46	»	1	»	8 3/4	»
		Soir.					
17	8 27	11 44	»	1	»	9 3/4	»

SUITE D'OCTOBRE.

Date du mois.	Lever de la lune.	Coucher de la lune.	Heures du commencement de l'éclairage.	Heures de l'extinction des lanternes. de la ville.	Heures de l'extinction des lanternes. des autorités et portes de la ville.	Nombre d'heures éclairées par jour pour les lanternes de la ville.	Nombre d'heures éclairées par jour pour les lanternes des autorités et portes de la ville.
	Soir.	Soir.					
18	9 42	1 30	6 »	12 »	5 1|2	6 »	11 1|2
19	11 05	2 06	»	»	»	»	»
20	Matin.	2 33	»	1	»	7 »	12 »
21	0 29	2 54	5 3|4	1 1|4	5 3|4	7 1|4	»
22	1 52	3 12	»	5 3|4	»	12	»
23	3 14	3 29	»	»	»	»	»
24	4 37	3 47	»	»	»	»	»
25	5 59	4 06	»	»	»	»	»
26	7 22	4 29	»	»	»	»	»
27	8 43	5 »	»	»	»	»	»
28	9 59	5 38	»	»	»	»	»
29	11 06	6 26	»	»	»	»	»
30	11 59	7 26	»	»	»	»	»
	Soir.						
31	» 40	8 32	»	»	»	»	»
						295 »	357 »

NOVEMBRE.

Date du mois.	Lever de la lune.	Coucher de la lune.	Heures du commencement de l'éclairage.	Heures de l'extinction des lanternes		Nombre d'heures éclairées par jour pour les lanternes	
				de la ville.	des autorités et portes de la ville.	de la ville.	des autorités et portes de la ville.
	Soir.	Soir.					
1	1 11	9 40	5 1/2	6 1/4	6 1/4	12 3/4	12 3/4
P. Q.							»
2	1 34	10 49	»	»	»	»	»
3	1 52	11 57	»	»	»	»	»
4	2 08	Matin.	»	»	»	»	»
5	2 23	1 04	»	»	»	»	»
6	2 38	2 12	»	»	»	»	»
7	2 52	3 21	»	»	»	»	»
8	3 07	4 32	»	»	»	»	»
9	3 26	5 47	»	12	»	6 1/2	»
P. L.							
10	3 53	7 04	»	»	»	»	»
11	4 30	8 20	5 1/4	»	6 1/2	6 3/4	13 1/4
12	5 18	9 33	»	»	»	»	»
13	6 20	10 36	»	»	»	»	»
14	7 34	11 26	»	»	»	»	»
		Soir.					
15	8 55	» 05	»	»	»	»	»
16	10 17	» 34	»	»	»	»	»
D. Q.							
17	11 39	» 57	»	12 1/2	»	7 1/4	»
18	Matin.	1 16	»	1	»	7 3/4	»

SUITE DE NOVEMBRE.

Date du mois.	Lever de la lune.	Coucher de la lune.	Heures du commencement de l'éclairage.	Heures de l'extinction des lanternes. de la ville.	Heures de l'extinction des lanternes. des autorités et portes de la ville.	Nombre d'heures éclairées par jour pour les lanternes de la ville.	Nombre d'heures éclairées par jour pour les lanternes des autorités et portes de la ville.
Matin.							
19	1 »	2 33	5 1/4	2 »	»	8 3/4	13 1/4
20	2 20	1 51	»	3 »	»	9 3/4	»
21	3 40	2 10	»	6 3/4	6 3/4	13 1/2	13 1/2
22	5 »	2 31	4 3/4	»	»	14	14
23	6 19	2 57	»	»	»	»	»
N. L.							
24	7 38	3 32	»	»	»	»	»
25	8 49	4 17	»	»	»	»	»
26	9 48	5 12	»	»	»	»	»
27	10 35	6 15	»	»	»	»	»
28	11 10	7 23	»	»	»	»	»
29	11 36	8 33	»	»	»	»	»
30	11 56	9 43	»	»	»	»	»
						328 1/4	399 1/2

DÉCEMBRE.

Date du mois.	Lever de la lune.	Coucher de la lune.	Heures du commencement de l'éclairage.	Heures de l'extinction des lanternes.		Nombre d'heures éclairées par jour pour les lanternes	
				de la ville.	des autorités et portes de la ville.	de la ville.	des autorités et portes de la ville.
	Soir.	Soir.					
1	» 12	10 53	4 1/2	7	7	14 1/2	14 1/2
P. Q.							
2	» 28	Matin.	»	»	»	»	»
3	» 42	»	»	»	»	»	»
4	» 55	1 04	»	»	»	»	»
5	1 10	2 11	»	»	»	»	»
6	1 28	3 23	»	»	»	»	»
7	1 52	4 39	»	»	»	»	»
8	2 24	5 57	»	»	»	»	»
9	3 06	7 14	»	12	»	7 1/2	»
10	4 03	8 22	»	»	»	»	»
11	5 16	9 19	»	»	»	»	14 3/4
P. L.							
12	6 39	10 03	»	»	»	»	»
13	8 04	10 36	»	»	»	»	»
D. Q.							
14	9 28	11 01	»	»	»	»	»
15	10 50	11 22	»	»	»	»	»
16	Matin.	11 40	4 1/4	1	»	8 3/4	»
17	» 10	11 57	»	1	»	»	»
		Soir.					
18	1 29	» 15	»	2	»	9 3/4	»
19	2 47	» 35	»	7	»	14 3/4	»

TABLEAU

DE

L'ÉCLAIRAGE DE LA VILLE DE LILLE

Pour l'année 1862.

1862

JANVIER.

Date du mois.	Lever de la lune.	Coucher de la lune.	Heures du commencement de l'éclairage.	Heures de l'extinction des lanternes		Nombre d'heures éclairées par jour pour les lanternes	
				de la ville.	des autorités et portes de la ville.	de la ville.	des autorités et portes de la ville.
N. L.	Matin	Soir					
1	8 30	5 31	4 1/2	7	7	14 1/2	14 1/2
2	9 01	6 51	»	»	»	»	»
3	9 28	8 07	»	»	»	»	»
4	9 50	9 20	»	»	»	»	»
5	10 08	10 30	»	»	»	»	»
6	10 27	11 38	»	»	»	»	»
P. Q.		Matin					
7	10 46	» 45	»	»	»	»	»
8	11 07	1 50	4 3/4	6 3/4	6 3/4	14	14
9	11 30	2 55	»	»	»	»	»
10	11 59	3 58	»	»	»	»	»
	Soir						
11	» 33	4 57	»	»	»	»	»
12	1 15	5 50	»	»	»	»	»
13	2 06	6 36	»	»	»	»	»
14	3 06	7 14	»	12	»	7 1/4	»
15	4 11	7 45	»	»	»	»	»
P. L.						»	»
16	5 21	7 45	»	»	»	»	»

Suite de JANVIER.

Date du mois.	Lever de la lune.	Coucher de la lune.	Heures du commencement de l'éclairage.	Heures de l'extinction des lanternes		Nombre d'heures éclairées par jour pour les lanternes.	
				de la ville.	des autorités et portes de la ville.	de la ville.	des autorités et portes de la ville.
	Soir	Matin					
17	6 34	8 11	4 3/4	12 »	6 3/4	7 1/4	14 »
18	7 48	8 35	»	»	»	»	»
19	9 03	8 55	»	»	»	»	»
20	10 18	9 17	5	»	»	7 »	13 1/2
21	11 34	9 38	»	»	»	»	»
22	»	10 »	»	1 »	»	8 »	»
D. Q	Matin						
23	» 53	10 22	»	2 »	»	9 »	»
24	2 12	11 03		3 »	»	10 »	»
25	3 29	11 48	5 1/4	4 »	»	10 3/4	13 1/4
		Soir					
26	4 39	» 44	»	6 1/2	6 1/2	13 1/4	»
27	5 36	1 50	»	»	»	»	»
28	6 22	3 04	»	»	»	»	»
29	6 59	4 23	»	»	»	»	»
N. L.							
30	7 28	5 41	»	»	»	»	»
31	7 51	6 58	»	»	»	»	»
						360 1/4	429 3/4

FÉVRIER.

Date du mois.	Lever de la lune.	Coucher de la lune.	Heures du commencement de l'éclairage.	Heures de l'extinction des lanternes		Nombre d'heures éclairées par jour pour les lanternes.	
				de la ville.	des autorités et portes de la ville.	de la ville.	des autorités et portes de la ville.
	Matin	Soir					
1	8 11	8 09	5 1/2	6 1/2	6 1/2	13 »	13 »
2	8 30	9 18	»	»	»	»	»
3	8 50	10 27	»	»	»	»	»
4	9 11	11 34	»	»	»	»	»
5	9 34	»	»	»	»	»	»
P. Q.		Matin					
6	10 »	» 39	»	»	»	»	»
7	10 31	1 43	»	»	»	»	»
8	11 09	2 44	»	»	»	»	»
9	11 56	3 40	»	»	»	»	»
	Soir						»
10	» 52	4 29	»	»	»	»	»
11	1 55	9 04	5 3/4	6 1/4	6 1/4	12 1/2	12 1/2
12	3 04	5 45	»	12 »	»	6 1/4	»
13	4 16	6 13	»	»	»	»	»
P. L.							
14	5 30	6 38	»	»	»	»	»
15	6 45	7 01	»	»	»	»	»

Suite de FÉVRIER.

Date du mois.	Lever de la lune.	Coucher de la lune.	Heures du commencement de l'éclairage.	Heures de l'extinction des lanternes		Nombre d'heures éclairées par jour pour les lanternes.	
				de la ville.	des autorités et portes de la ville.	de la ville.	des autorités et portes de la ville.
	Soir	Matin					
16	8 03	7 22	6 »	12	6	6 »	»
17	9 22	7 44	»	»	»	»	»
18	10 41	8 07	»	»	»	»	»
	Matin						
19	»	8 33	»	»	»	»	»
20	» 01	9 06	»	1 »	»	7 »	»
D. Q.							
21	1 18	9 47	»	1 1/2	5 3/4	7 1/2	11 3/4
22	2 28	10 38	»	2 3/4	»	8 3/4	»
23	3 28	11 40	»	4 »	»	10 »	»
		Soir					
24	4 18	» 50	6 1/4	5 3/4	»	11 1/2	11 1/2
25	4 57	2 05	»	»	»	»	»
26	5 28	3 21	»	»	»	»	»
27	5 53	4 35	»	»	»	»	»
N. L.							
28	6 16	5 49	»	»	»	»	»
						282 1/4	347 3/4

MARS.

Date du mois.	Lever de la lune	Coucher de la lune	Heures du commencement de l'éclairage.	Heures de l'extinction des lanternes		Nombre d'heures éclairées par jour pour les lanternes	
				de la ville.	des autorités et portes de la ville.	de la ville.	des autorités et portes de la ville.
	Matin	Soir					
1	6 35	6 59	6 1/2	5 1/2	5 1/2	11	11
2	6 54	8 08	»	»	»	»	»
3	7 14	9 17	»	»	»	»	»
4	7 36	10 24	»	»	»	»	»
5	8 02	11 28	»	»	»	»	»
6	8 32	Matin	»	»	»	»	»
7	9 06	» 30	»	»	»	»	»
P Q.							
8	9 49	1 29	»	»	»	»	»
9	10 40	2 21	»	»	»	»	»
10	11 39	3 05	»	»	»	»	»
		Soir	»	»	»	»	»
11	» 44	3 42	6 3 4	5 1/4	5 1/4	10 1/2	10 1/2
12	1 54	4 13	»	»	»	»	»
13	3 07	4 39	»	»	»	»	»
14	4 22	5 02	»	12 »	»	5 1/4	»
15	5 40	5 24	»	»	»	»	»
P. L.							
16	6 59	4 46	»	»	»	»	»

Suite de MARS.

Date du mois	Lever de la lune.	Coucher de la lune.	Heures du commencement de l'éclairage.	Heures de l'extinction des lanternes.		Nombre d'heures éclairées par jour pour les lanternes.	
				de la ville.	des autorités et portes de la ville.	de la ville.	des autorités et portes de la ville.
	Soir	Matin					
17	8 20	6 10	7 »	12 »	5 1/4	5 »	10 1/4
18	9 43	6 36	»	»	»	»	»
19	11 03	7 08	»	»	»	»	»
	Matin					»	»
20	»	7 46	»	»	»	»	»
21	» 17	8 34	»	12 1/2	»	5 1/2	»
D. Q							
22	1 22	9 34	»	1 1 2	»	6 1/2	»
23	2 16	10 42	»	2 1/2	»	7 1/2	»
24	2 58	11 37	»	3 1/2	»	8 1/2	»
		Soir			»	»	»
25	3 30	1 10	7 1/4	5	5	9 3/4	9 3/4
26	3 57	2 23	»	»	»	»	»
27	4 20	3 35	»	»	»	»	»
28	4 40	4 46	»	»	»	»	»
29	4 59	5 54	»	»	»	»	»
N. L.							
30	5 19	7 03	»	»	»	»	»
31	5 40	8 09	»	»	»	»	»
						273 1/2	323 1/4

AVRIL.

Date du mois.	Lever de la lune.	Coucher de la lune.	Heures du commencement de l'éclairage.	Heures de l'extinction des lanternes		Nombre d'heures éclairées par jour pour les lanternes.	
				de la ville.	des autorités et portes de la ville.	de la ville.	des autorités et portes de la ville.
	Matin	Soir					
1	6 05	9 14	7 3/4	4 3/4	4 3/4	9 »	9 »
2	6 33	10 18	»	»	»	»	»
3	7 06	11 18	»	»	»	»	»
4	7 45	Matin	»	»	»	»	»
5	8 32	» 12	»	»	»	»	»
6	9 27	» 58	»	»	»	»	»
D. Q.							
7	10 29	1 36	»	»	»	»	»
8	11 35	2 09	»	»	»	»	»
	Soir						
9	» 44	2 37	»	»	»	»	»
10	1 57	3 02	8 »	4 1/2	4 1/2	8 1/2	8 1/2
11	3 14	3 25	»	»	»	»	»
12	4 32	3 48	»	»	»	»	»
13	5 53	4 10	»	12 »	»	4 »	»
P. L.							
14	7 16	4 34	»	»	»	»	»
15	8 39	5 05	»	»	»	»	»
16	9 59	5 41	»	»	»	»	»

Suite d'AVRIL.

Date du mois.	Lever de la lune.	Coucher de la lune.	Heures du commencement de l'éclairage.	Heures de l'extinction des lanternes		Nombre d'heures éclairées par jour pour les lanternes.	
				de la ville.	des autorités et portes de la ville.	de la ville.	des autorités et portes de la ville.
	Soir	Matin					
17	11 11	6 27	»	»	»	»	»
18	Matin	7 25	»	»	»	»	»
19	» 10	8 31	»	12 1/2	»	4 1/2	»
20	» 56	9 46	8 1/4	1 1/2	4 1/4	5 1/4	8 »
D. Q.							
21	1 33	11 01	»	2	»	5 3/4	»
		Soir					
22	2 01	» 15	»	2 1/2	»	6 1/4	»
23	2 25	1 27	»	3	»	6 3/4	»
24	2 46	2 38	»	4 1/4	»	8 »	»
25	3 05	3 46	»	»	»	»	»
26	3 24	4 53	»	»	»	»	»
27	3 41	5 59	»	»	»	»	»
N. L.							
28	4 08	7 05	»	»	»	»	»
29	4 35	8 08	»	»	»	»	»
30	5 06	9 09	»	»	»	»	»
						215 »	254 »

MAI.

Date du mois.	Lever de la lune.	Coucher de la lune.	Heures du commencement de l'éclairage.	Heures de l'extinction des lanternes		Nombre d'heures éclairées par jour pour les lanternes	
				de la ville.	des autorités et portes de la ville.	de la ville.	des autorités et portes de la ville.
	Matin	Soir.					
1	5 44	10 03	8 3/4	12	4 »	3 1/4	7 1/4
2	6 28	10 53	»	»	»	»	»
3	7 20	11 34	»	»	»	»	»
4	8 19	Matin					
5	9 23	» 08	»	»	»	»	»
6	10 31	» 36	»	»	»	»	»
P. Q.							
7	11 40	1 01	»	»	»	»	»
	Soir						
8	» 52	1 24	»	»	»	»	»
9	2 06	1 47	»	»	»	»	»
10	3 23	2 10	9	»	3 1/2	3 »	6 1/2
11	4 44	2 33	»	»	»	»	»
12	6 07	2 59	»	»	»	»	»
P. L.							
13	7 30	3 31	»	»	»	»	»
14	8 47	4 12	»	»	»	»	»
15	9 54	5 06	»	»	»	»	»
16	10 47	6 13	»	»	»	»	»

Suite de MAI.

Date du mois	Lever de la lune.	Coucher de la lune.	Heures du commencement de l'éclairage.	Heures de l'extinction des lanternes.		Nombre d'heures éclairées par jour pour les lanternes.	
				de la ville.	des autorités et portes de la ville.	de la ville.	des autorités et portes de la ville.
	Soir	Matin					
17	11 21	7 28	9 »	12 »	3 1/2	3 »	6 1/2
18	Matin	8 45	»	»	»	»	»
19	» 02	10 02	»	»	»	»	»
D. Q.							»
20	» 29	11 17	9 1/4	»	»	2 3/4	6 1/4
		Soir					
21	» 52	» 20	«	»	»	»	»
22	1 12	1 38	»	»	»	»	»
23	1 32	2 45	»	»	»	«	»
24	1 53	3 51	»	»	»	»	»
25	2 14	4 57	»	»	»	»	»
26	2 39	6 01	»	»	»	»	»
27	3 09	7 03	»	»	»	»	»
N. L.							»
28	3 44	8 »	»	»	»	»	»
29	4 26	8 51	»	»	»	»	»
30	5 16	9 34	»	»	»	»	»
31	6 13	10 11	»	»	»	»	»
						92 1/4	205 1/4

JUIN.

Date du mois.	Lever de la lune.	Coucher de la lune.	Heures du commencement de l'éclairage.	Heures de l'extinction des lanternes		Nombre d'heures éclairées par jour pour les lanternes.	
				de la ville.	des autorités et portes de la ville.	de la ville.	des autorités et portes de la ville.
	Matin	Soir					
1	7 17	10 42	9 1/4	12 »	3 1/4	2 3/4	6 »
2	8 22	11 06	»	»	»	»	»
3	9 29	11 30	»	»	»	»	»
4	10 38	11 51	»	»	»	»	»
D. Q.							
5	11 49	Matin	»	»	»	»	»
	Soir						
6	1 01	» 12	»	»	»	»	»
7	2 17	» 33	»	»	»	»	»
8	3 37	» 58	»	»	»	»	»
9	4 59	1 26	»	»	»	»	»
10	6 19	2 02	»	»	»	»	»
11	7 32	2 49	»	»	»	»	»
P. L.							
12	8 34	3 49	»	»	»	»	»
13	9 22	5 01	»	»	»	»	»
14	9 59	6 20	»	»	»	»	»
15	10 29	7 41	»	»	»	»	»
16	10 54	8 59	»	»	»	»	»

Suite de JUIN.

Date du mois	Lever de la lune.	Coucher de la lune.	Heures du commencement de l'éclairage.	Heures de l'extinction des lanternes.		Nombre d'heures éclairées par jour pour les lanternes.	
				de la ville.	des autorités et portes de la ville.	de la ville.	des autorités et portes de la ville.
	Soir	Matin	9 1/4	12 »	3 1/4	2 3/4	6 »
17	11 16	10 13	»	»	»	»	»
18	11 36	11 25	»	»	»	»	»
D. Q.		Soir					
19	11 55	» 35	»	»	»	»	»
20	Matin	1 42	»	»	»	»	»
21	» 17	2 48	»	»	»	»	»
22	» 42	3 53	»	»	»	»	»
23	1 10	4 55	»	»	»	»	»
24	1 43	5 54	»	»	»	»	»
25	2 24	5 48	»	»	»	»	»
26	3 12	7 34	»	»	»	»	»
N. t.							
27	4 07	8 12	»	»	»	»	»
28	5 08	8 44	»	»	»	»	»
29	6 13	9 12	»	»	»	»	»
30	7 20	9 36	»	»	»	»	»
						82 1/2	180 »

JUILLET.

Date du mois.	Lever de la lune.	Coucher de la lune.	Heures du commencement de l'éclairage.	Heures de l'extinction des lanternes		Nombre d'heures éclairées par jour pour les lanternes.	
				de la ville.	des autorités et portes de la ville.	de la ville.	des autorités et portes de la ville.
	Matin.	Soir.					
1	8 28	9 57	9 »	12 »	3 »	3 »	6 »
2	9 37	10 18	»	»	»	»	»
3	10 48	10 39	»	»	»	»	»
D. Q.	Soir.						
4	» 02	11 02	»	»	»	»	»
5	1 19	11 28	»	»	»	»	»
6	2 37	11 59	»	»	»	»	»
7	3 55	Matin.	»	»	»	»	»
8	5 09	» 39	»	»	»	»	»
9	6 16	1 31	»	»	»	»	»
10	7 12	2 36	»	»	»	»	»
P. L.							
11	7 56	3 51	8 3/4	»	»	3 1/4	6 1/4
12	8 30	5 11	»	»	»	»	»
13	8 57	6 31	»	»	»	»	»
14	9 19	7 49	»	»	»	»	»
15	9 39	9 05	»	»	»	»	»
16	10 »	10 17	»	»	»	»	»

Suite de JUILLET.

Date du mois.	Lever de la lune.	Coucher de la lune.	Heures du commencement de l'éclairage.	Heures de l'extinction des lanternes		Nombre d'heures éclairées par jour pour les lanternes	
				de la ville.	des autorités et portes de la ville.	de la ville.	des autorités et portes de la ville.
	Soir.	Matin.					
17	10 22	11 27	8 3/4	12 »	3 »	3 1/4	6 1/4
D Q.		Soir.					
18	10 46	» 35	»	»	»	»	»
19	11 02	1 41	»	»	»	»	»
20	11 43	2 45	»	»	»	»	»
21	Matin.	3 45	8 1/2	»	»	3 1/2	6 1/2
22	» 20	4 40	»	»	»	»	«
23	1 05	5 29	»	»	»	»	»
24	1 58	6 11	»	»	»	»	»
25	2 58	6 46	»	»	»	»	»
N. L.							
26	4 02	7 16	»	»	»	»	»
27	5 09	7 41	»	»	»	»	»
28	6 18	8 03	»	»	»	»	»
29	7 29	8 24	»	»	»	»	»
30	8 41	8 45	»	»	»	»	»
31	9 54	9 06	»	»	»	»	»
						101 »	194 »

AOUT.

Date du mois.	Lever de la lune	Coucher de la lune	Heures du commencement de l'éclairage.	Heures de l'extinction des lanternes		Nombre d'heures éclairées par jour pour les lanternes	
				de la ville.	des autorités et portes de la ville.	de la ville.	des autorités et portes de la ville.
	Matin	Soir					
1	11 08	9 30	8 1/2	12	»	3 1/4	3 1/2	6 3/4
		Soir					
2	» 23	10 »	»	»	»	»	»
P. Q.							
3	1 40	10 37	»	»	»	»	»
4	2 54	11 22	»	»	»	»	»
5	4 02	Matin	»	»	»	»	»
6	5 01	» 18	»	»	»	»	»
7	5 48	1 27	»	»	»	»	»
8	6 25	2 44	»	»	»	»	»
P. L.							
9	6 55	4 04	»	»	»	»	»
10	7 20	5 23	»	»	»	»	»
11	7 42	6 41	»	»	»	»	»
12	8 04	7 56	»	»	»	»	»
13	8 26	9 08	»	»	»	»	»
14	8 48	10 17	»	»	»	»	»
15	9 13	11 25	8 1/4	3 1/2	3 1/2	7 1/4	7 1/4
		Soir					
16	9 43	» 31	»	12	»	3 3/4	»

Suite d'AOUT.

Date du mois.	Lever de la lune.	Coucher de la lune.	Heures du commencement de l'éclairage.	Heures de l'extinction des lanternes		Nombre d'heures éclairées par jour pour les lanternes	
				de la ville.	des autorités et portes de la ville.	de la ville.	des autorités et portes de la ville.
D. Q.	Soir	Soir					
17	10 19	1 34	8 1/4	12	3 1/2	3 3/4	7 1/4
18	11 01	2 31	»	»	»	»	»
19	11·51	3 22	»	»	»	»	»
20	Matin	4 06	8	»	»	4	7 1/2
21	» 48	4 44	»	»	»	»	»
22	1 51	5 16	»	»	»	»	»
23	2 57	5 43	»	»	»	»	»
24	4 06	6 07	»	»	»	»	»
N. L.							
25	5 16	6 29	7 3/4	3 1/2	»	7 3/4	7 3/4
26	6 28	6 51	»	»	»	»	»
27	7 41	7 13	»	»	»	»	»
28	8 56	7 37	»	»	»	»	»
29	10 12	8 06	»	»	»	»	»
30	11 29	8 41	»	»	»	»	»
	Soir						
31	» 44	9 23	»	»	»	»	»
						145 1/2	222 1/2

SEPTEMBRE.

Date du mois.	Lever de la lune.	Coucher de la lune.	Heures du commencement de l'éclairage.	Heures de l'extinction des lanternes		Nombre d'heures éclairées par jour pour les lanternes.	
				de la ville.	des autorités et portes de la ville.	de la ville.	des autorités et portes de la ville.
P Q	Soir	Soir					
1	1 53	10 15	7 1/4	4 1/2	4 1/2	9 1/4	9 1/4
2	2 53	11 17	»	»	»	»	»
3	3 44	Matin	»	»	»	»	»
4	4 23	» 28	»	»	»	»	»
5	4 56	1 44	»	»	»	»	»
6	5 23	3 02	»	»	»	»	»
7	5 46	4 19	»	12 »	»	4 3/4	»
P. L							
8	6 08	5 34	»	»	»	»	»
9	6 29	6 47	»	»	»	»	»
10	6 51	7 59	»	»	»	»	»
11	7 15	9 09	7 »	»	»	5 »	9 1/2
12	7 43	10 16	»	»	»	»	»
13	8 17	11 20	»	»	»	»	»
		Soir					
14	8 57	» 19	»	»	»	»	»
15	9 44	1 13	»	»	»	»	»
D. Q.							
16	10 37	2 »	»	»	»	»	»

Suite de SEPTEMBRE.

Date du mois.	Lever de la lune.	Coucher de la lune.	Heures du commencement de l'éclairage.	Heures de l'extinction des lanternes		Nombre d'heures éclairées par jour pour les lanternes	
				de la ville.	des autorités et portes de la ville.	de la ville.	des autorités et portes de la ville
	Soir	Soir					
17	11 36	2 41	7 »	12 »	4 1/2	5 »	9 1/2
18	Matin	3 15	»	1 »	»	6 »	»
19	» 41	3 43	»	1 1/2	»	6 1/2	»
20	1 49	4 08	»	2 1/2	4 3/4	7 1/2	9 3/4
21	2 58	4 31	6 3/4	4 3/4	»	10 »	10 »
22 N. L.	4 09	4 54	»	»	»	»	»
23	5 23	5 17	»	»	»	»	»
24	6 39	5 42	»	»	»	»	»
25	7 55	6 09	»	»	»	»	»
26	9 14	6 41	»	5 »	5 »	10 1/4	10 1/4
27	10 31	7 21	»	»	»	»	»
28	11 44	8 12	»	»	»	»	»
	Soir						
29 P.Q.	» 48	9 12	»	»	»	»	»
30	1 42	10 20	»	»	»	»	»
						230 3/4	289 »

OCTOBRE

Date du mois.	Lever de la lune.	Coucher de la lune.	Heures du commencement de l'éclairage.	Heures de l'extinction des lanternes		Nombre d'heures éclairées par jour pour les lanternes	
				de la ville.	des autorités et portes de la ville.	de la ville	des autorités et portes de la ville.
	Soir	Soir					
1	2 25	11 34	6 1/4	5 3/4	5 3/4	11 1/2	11 1/2
2	2 59	Matin	»	»	»	»	»
3	3 26	» 50	»	»	»	»	»
4	3 49	2 05	»	»	»	»	»
5	4 10	3 19	»	»	»	»	»
6	4 31	4 31	»	»	»	»	»
P.L.							
7	4 54	5 42	»	12	»	5 3/4	»
8	5 19	6 51	»	»	»	»	»
9	5 46	7 59	»	»	»	»	»
10	6 17	9 05	»	»	»	»	»
11	6 54	10 07	6	»	»	6	11 3/4
12	7 38	11 03	»	»	»	»	»
13	8 28	11 52	»	»	»	»	»
		Soir					
14	9 25	» 35	»	»	»	»	»
D.Q.							
15	10 26	1 11	»	»	»	»	»
16	11 31	1 42	»	12 1/2	»	6 1/2	»

Suite d'OCTOBRE.

Date du mois.	Lever de la lune.	Coucher de la lune.	Heures du commencement de l'éclairage.	Heures de l'extinction des lanternes		Nombre d'heures éclairées par jour pour les lanternes	
				de la ville.	des autorités et portes de la ville.	de la ville.	des autorités et portes de la ville.
		Soir	6 »		5 3/4		11 3/4
17	Matin 2 09		»	1 »	»	7 »	»
18	» 38	2 33	»	1 1/2	»	7 1/2	»
19	1 48	2 56	»	6 »	6 »	12 »	12 »
20	3 »	3 18	»	»	»	»	»
21	4 15	3 41	5 3/4	»	»	12 1/4	12 1/4
22	5 31	4 07	»	»	»	»	»
N. L.							
23	6 49	4 38	»	»	»	»	»
24	8 09	5 16	»	»	»	»	»
25	9 27	6 04	»	»	»	»	»
26	10 38	7 03	»	»	»	»	»
27	11 28	8 11	»	»	»	»	»
	Soir						
28	» 23	9 24	»	»	»	»	»
P. Q.							
29	» 58	10 41	»	»	»	»	»
30	1 27	11 57	»	»	»	»	»
31	1 53	» »	»	»	»	»	»
						301 3/4	367 3/4

NOVEMBRE.

Date du mois.	Lever de la lune.	Coucher de la lune.	Heures du commencement de l'éclairage	Heures de l'extinction des lanternes		Nombre d'heures éclairées par jour pour les lanternes.	
				de la ville.	des autorités et portes de la ville.	de la ville.	des autorités et portes de la ville.
P. Q.	Soir	Matin					
1	2 16	1 10	5 1/2	6 1/4	6 1/4	12 3/4	12 3/4
2	2 37	2 21	»	»	»	»	»
3	2 58	3 30	»	»	»	»	»
4	3 21	4 39	»	»	»	»	»
5	3 48	5 47	»	»	»	»	»
P. L.							
6	4 18	6 53	»	12	»	6 1/2	»
7	4 53	7 56	»	»	»	»	»
8	5 34	8 54	»	»	»	»	»
9	6 21	9 46	»	»	»	»	»
10	7 15	10 31	5 1/4	»	6 1/2	6 3/4	13 1/4
11	8 15	11 10	»	»	»	»	»
12	9 18	11 42	»	»	»	»	»
		Soir.	»	»	»	»	»
13	10 23	» 10	»	»	»	»	»
D. Q.							
14	11 30	» 34	»	»	»	»	»
15	Matin.	» 36	»	1	»	7 3/4	»

Suite de NOVEMBRE.

Date du mois.	Lever de la lune.	Coucher de la lune.	Heures du commencement de l'éclairage.	Heures de l'extinction des lanternes		Nombre d'heures éclairées par jour pour les lanternes	
				de la ville.	des autorités et portes de la ville.	de la ville.	des autorités et portes de la ville
	Matin	Soir					
16	» 38	1 18	5 1/4	2 »	6 1/2	8 3/4	13 1/4
17	1 49	1 39	»	6 1/2	»	13 1/4	»
18	3 03	2 03	»	»	»	»	»
19	4 19	2 32	»	»	»	»	»
20	5 39	3 07	5 »	6 3/4	6 3/4	13 3/4	13 3/4
N. L.							
21	6 59	3 51	»	»	»	»	»
22	8 14	4 46	»	»	»	»	»
23	9 20	5 52	»	»	»	»	»
24	10 15	7 07	»	»	»	»	»
25	10 58	8 25	4 3/4	»	»	14 »	14 »
26	11 30	9 43	»	»	»	»	»
27	11 56	10 59	»	»	»	»	»
P. Q.	Soir	Matin					
28	» 20	»	»	»	»	»	»
29	» 42	» 12	»	»	»	»	»
30	1 04	1 22	»	»	»	»	»
						332 1/2	400 »

DÉCEMBRE

Date du mois.	Lever de la lune.	Coucher de la lune.	Heures du commencement de l'éclairage.	Heures de l'extinction des lanternes		Nombre d'heures éclairées par jour pour les lanternes	
				de la ville.	des autorités et portes de la ville.	de la ville	des autorités et portes de la ville.
D. Q.	Soir	Matin					
1	1 26	2 31	4 1/2	7 »	7 »	14 1/2	14 1/2
2	1 51	3 38	»	»	»	»	»
3	2 19	4 44	»	»	»	»	»
4	2 52	5 48	»	»	»	»	»
5	3 31	6 47	»	12	»	7 1/2	»
P. L.							
6	4 17	7 41	»	»	»	»	»
7	5 10	8 29	»	»	»	»	»
8	6 07	9 10	»	»	»	»	»
9	7 08	9 44	»	»	»	»	»
10	8 11	10 13	»	»	»	»	»
11	9 16	10 39	»	»	»	»	»
12	10 23	11 01	»	»	»	»	»
13	11 32	11 21	»	»	»	»	»
D. Q.	Matin						
14	»	11 42	»	1	»	8 1/2	»
		Soir					
15	» 42	» 04	»	1 1/2	»	9	»
16	1 55	» 28	4 1/4	2 1/2	7 1/4	10 1/4	15 »

Suite de DÉCEMBRE.

Date du mois.	Lever de la lune.	Coucher de la lune.	Heures du commencement de l'éclairage.	Heures de l'extinction des lanternes		Nombre d'heures éclairées par jour pour les lanternes	
				de la ville.	des autorités et portes de la ville.	de la ville.	des autorités et portes de la ville
	Matin	Soir					
17	3 11	» 58	4 1/4	7 1/4	7 1/4	15 1/4	15 1/4
18	4 29	1 37	»	»	»	»	»
19	5 46	2 26	»	»	»	»	»
20	6 57	3 27	»	»	»	»	»
N. L.							
21	7 58	4 38	»	»	»	»	»
22	8 48	5 57	»	»	»	»	»
23	9 27	7 19	»	»	»	»	»
24	9 58	8 39	»	»	»	»	»
25	10 24	9 56	»	»	»	»	»
26	10 47	11 09	»	»	»	»	»
P. Q.							
27	11 09	Matin	»	»	»	»	»
28	11 32	» 20	»	»	»	»	»
29	11 57	1 29	»	»	»	»	»
	Soir						
30	» 24	2 36	»	»	»	»	»
31	» 55	3 40	»	»	»	»	»
						378 1/4	457 1/2

RÉCAPITULATION.

	NOMBRE D'HEURES ÉCLAIRÉES PAR LES LANTERNES	
	de la ville	des autorités et des portes de la ville
JANVIER.	360 1/4	429 3/4
FÉVRIER.	282 1/4	347 3/4
MARS.	273 1/2	323 1/4
AVRIL.	215 »	254 »
MAI.	92 1/4	205 1/4
JUIN.	82 1/2	180 »
JUILLET.	101 »	194 »
AOUT.	145 1/2	222 1/2
SEPTEMBRE.	230 3/4	289 »
OCTOBRE.	301 3/4	367 3/4
NOVEMBRE.	332 1/2	400 »
DÉCEMBRE.	378 1/4	457 1/2
	2795 1/2	3670 3/4

Le Maire de Lille,

Officier de la Légion-d'Honneur
et de l'Ordre de Léopold de Belgique,

Auguste RICHEBÉ.

Nota. Conformément au cahier des charges, toutes les lanternes doivent être allumées un quart d'heure après le moment fixé par le présent tableau pour le commencement de l'éclairage.

Lille-Imp. L Danel.

www.ingramcontent.com/pod-product-compliance
Lightning Source LLC
LaVergne TN
LVHW051504090426
835512LV00010B/2327